U0851197

民主

国家的主人翁

顾作义 主编

南方日报出版社
NANFANG DAILY PRESS
中国·广州

图书在版编目（CIP）数据

民主：国家的主人翁 / 顾作义主编．— 广州：南方日报出版社，2016.10（2019.8 重印）

（“我们的价值观十二讲”丛书）

ISBN 978-7-5491-1461-0

Ⅰ. ①民… Ⅱ. ①顾… Ⅲ. ①社会主义建设 – 价值论 – 中国 – 通俗读物 Ⅳ. ① D616-49

中国版本图书馆 CIP 数据核字（2016）第 216411 号

出 版 人：周洪威
责任编辑：阮清钰
责任技编：王　兰
责任校对：王　燕
封面设计：肖晓文

民主——国家的主人翁　MINZHU：GUOJIA DE ZHURENWENG

主　　编：顾作义
出版发行：南方日报出版社
地　　址：广州市广州大道中 289 号
经　　销：全国新华书店
印　　刷：广州市怡升印刷有限公司
开　　本：787mm × 1092mm　1/32
印　　张：3.75
字　　数：53 千字
版　　次：2016 年 10 月第 1 版
印　　次：2019 年 8 月第 3 次印刷
定　　价：10.00 元

投稿热线：（020）87360640　　读者热线：（020）87363865

发现印装质量问题，影响阅读，请与承印厂联系调换。

“我们的价值观十二讲”丛书

前 言

《我们的价值观十二讲》自2014年10月出版以来，受到了广大读者的欢迎和喜欢，以至于一册数印，均已售罄。如今时过两年，我们在其基础上进行扩充修订，一方面根据最新文件精神和要求增加适当的材料、内容，一方面则在形式上有所创新、提升，使其成为一套内涵更丰富、形式更多元的社会主义核心价值观创新普及读本。

习近平同志曾说：“中华文明绵延数千年，有其独特的价值体系。中华优秀传统文化已经成为中华民族的基因，植根在中国人内心，潜移默化影响着中国人的思想方式和行为方式。今天，我们提倡和弘扬社会主义核心价值观，必须从中汲取丰富营养，否则就不会有生命力和影响力。”我们出版本丛书，便是立足于从中华优秀传统文化中“汲取丰富营养”，探寻“中国人的独特精神世界”和“百姓日用而不觉的价值观”，以此促进社会主义核心价值观的培育和践行。

相比原来的《我们的价值观十二讲》单行本，本丛书的特点主要有三：

（一）单本成册，更加便携易读。丛书共12种，按照富强、民主、文明、和谐，自由、平等、公正、法治，爱国、敬业、诚信、友善12个关键词单独立册，且选用了方便携带的小型开本，便于读者随身携带阅读、学习，从而在一定时间内对每个关键词的内涵和材料有所体认和熟悉。

（二）内容丰富，更为系统实用。丛书分册设《关键词讲解》《古今事典》《文心启思》和《艺术天地》四个栏目。《关键词讲解》主要从理论上对单册的关键词进行讲解，申明其内涵外延、古今之变等，相较于单行本的“释义”部分，更多作了论述和延展，可作为单个关键词的讲演草稿，而后面三个栏目的内容则可添补更多的故事和材料佐证，满足更长时间的讲演或学习。

（三）形式多样，更具赏心启迪。全书增加典故、文摘、诗词、对联等形式。如《古今事典》中除了原有的“故事”，增加了“用典”，使读者知典能用；《文心启思》包括“文录”“诗词”“名言”，主要从古今诗文、中外名言中寻找挖掘相应的资源；《艺术天地》则是对联和书法的赏析，另外，书中使用图片多是名贤画像、雕塑，或文献册页、文士书法等，使读者能暂得片刻歇憩，延展阅读的兴味。

希望本丛书的出版能让读者在勤学、修德、明辨、笃行中有所增益，知而后行，行以促知。

编者

2016年9月

目录

文心启思

艺术天地

关键词讲解

民主/天下公理，国之经络

1945年夏天，中国民主建国会创始人之一黄炎培等六位国民政府参政员飞赴延安访问。在毛泽东的窑洞做客时，黄炎培说：“我生六十多年，耳闻的不说，所亲眼见到的，真所谓‘其兴也勃焉，其亡也忽焉’……一部历史，‘政怠宦成’的也有，‘人亡政息’的也有，‘求荣取辱’的也有，总之没有能跳出这周期率。”听罢，毛泽东胸有成竹地回答：“我们已经找到新路，我们能跳出这周期率。这条新路，就是民主。只有让人民来监督政府，政府才不敢松懈。只有人人起来负责，才不会人亡政息。”如今，“民主”一词已经广传众口，深入人心，但是其内涵和外延究竟为何，中国进行了哪些民主政治的探索等，却是很多人都不甚了然的。

“民主制度，天下之公理”（梁启超语）。民主如同国之经络，疏通国家的肌体，协调政治的机能。对民主的向往，既是中华民族的政治传统，也是中国特色社会主义的本质要求。它既是社会主义核心价值观的一个目标导向，也是当前中国共产党领导的政治实践。我们倡导的民主，是真实、广泛、高效、丰富的民主，没有民主就没有社会主义，就没有社会主义现代化。

什么是民主?

数千年来，经过世界各国的共同努力，民主正在由少数政体变成多数政体，从特殊政体成为常规政体。这里面凝结着人类的希望，体现了社会发展的趋势。

什么是民主？这就像“一千个人有一千个哈姆雷特”那样，其定义和理解非常多。古往今来，民主内涵也不断演变。

民主是人类一以贯之的政治理想。辞海对

其定义为：原意指人民的权力。民主用于国家形式，即成为一种国家制度。与“专制”相对立。民主不仅指政体，首先指国体，指哪个阶级掌握国家政权、管理国家，对内实行民主制，对其敌对阶级实行专政。平常所说的民主作风、民主原则、言论自由等民主权利，都从民主的上述含义派生而来。

民主也称政治民主，它是实现人的全面发展的基本条件，也是实现国家长治久安的有效模式。拥有了政治民主，人们能够自由选择，寻找更适合自己的发展模式；能够自由表达观点，维护自己的权益。而国家只有充分代表民众意愿，努力维护国民利益，才能赢得国民的认同。统治者如果与民争利，必定离心离德，甚至导致朝代更替。

政治民主的本质含义是国家主权在民。民意是政府赖以存在的基础，民意代表组成国家最高权力机关。国家的前途命运，由人民来选择；政党的施政纲领，由人民来检验；社会的焦点热点，由人民来讨论。

政治民主的内在品质是国家服务人民，代表多数国民的根本利益。国家要发展经济，增加国民收益；要维护正义，保障社会公平与秩序；还要提供公共服务，做好民生工作，建设公益设施。

政治民主的实现方式是国家由人民治理。政府首脑由人民选举，对人民负责；政府官员要接受人民监督，由人民评议；重大问题让人民知情，社区由人民参与管理。

民主的东西方差异

自古及今，东西方的人们对民主的含义和实现方式的理解，有共通之处。比如大体上经历了三个过程：古时候，人民期盼着能够出现民之主，即能够很好维护民众利益的开明君主；近代以来，获得选举权的民众期盼着选出民知主，即选举能够代表自己的执政官；当前，人们更期望能够实现民自主，即对重大社会事务的参与管理。但二者也存在明显差异。

在中国，“民主”一词最早见于《尚书》。如《尚书·多方》多次说“天惟时求民主”“诞作民主”。但在这里，“民主”即“民之主”，就是管理人民的君主；用作动词，则是为民做主。但同时，我国古代思想家提出了“以民为本”“立君为民”的政治理念，主张君主应当代表和服务人民的利益，做民之向导。通过“民主”一词，我国解决了国家政权与国民利益之间的结合问题，形成了中国特色的民本政治思想，萌生了“民贵君轻”“民为邦本”等丰富的民本政治思想，体现了中华民族朴素的民主理念。几千年灿烂的中华文明，民本政治发挥了重要作用。

而在西方，“民主”一词源于希腊语“demos”，意为人民。英文民主democracy源于古希腊文，由demos（平民）及kratia（统治）两个词组合而成，意为“平民的统治”。西方民主起源于希腊，其定义为：在一定的阶级范围内，按照平等和少数服从多数原则来共同管理国家事务的国家制度。近现代意义上的民主政治直到18、19世纪才在英美诸国确立，20世纪成为西方发达国家的普遍政治制度。这时的民主以社会契约论为理论基础，以议会政治为实现形式，以选举为运作机制，确立人民管理国家的方式。因此，与专制统治的区别就在于，民主制度下的国家，有着最广泛的公民参与和决策基础。

近代以来，尤其是19世纪末西方民主思想对中国人民的民主追求有着重要的影响和推动，“德先生”和“赛先生”，曾是20世纪初新文化运动的两面旗帜，被陈独秀、胡适等人高高擎起，并成为现代中国民主政治的一大思想源泉。

当前，我国的民主理念，既体现中国传统的民本意识，也吸收西方的民权思想，包含有三层含义：一是从所有权意义上说，民主意味着民做主，即人民是国家的主人；二是从利益层面来说，民主指为民做主，要发展和维护人民的根本利益；三是从国家治理意义上来说，民主是指民自主，即人民治理国家的政治机制。

没有放之四海而皆准的民主

民主既带有普遍性，又有独特性、相对性；既是永恒的政治理想，也是历史的发展形态。世界上并没有放之四海而皆准，可以直接套用的民主发展路径和模式，它往往与这个国家的历史文化传统、经济社会发展水平紧密相关。正如在西方，不同国家的民主道路和模式也各不相同，英国是君主立宪制，美国是总统共和制，而法国则是兼具议会制和总统制特征的混合制。

当前，有一些民主原教旨主义者宣称，一个国家的成功与否，取决于其是否采用了西方民主制度，尤其是多党制和普选制。然而，事实的教训却是，西方民主模式把一些西方和非西方民主国家拖入了可怕的困境。墨西哥与美国一道铁丝网相隔，实行的是美国体制，却是贫富分化，矛盾交织；亚非拉国家发生了颜色革命，推行西方民主，却导致社会动荡，经济停滞。

民主并非西方资本主义的专利，社会主义同样有民主。马克思主义认为，民主属上层建筑，由一定的经济基础决定，并为其服务。是一个历史的阶级的范畴，有其具体的阶级内容和发展过程。在原始社会，没有私有制，没有阶级，没有国家，也就没有“民主”。随着私有制的出现，产生了阶级和国家，也产生了作为政治制度的民主。作为一种国家制度，民主总是体现统治阶级的意志，具有鲜明的阶级性。世界上从来没有抽象的超阶级的民主，只有具体的阶级的民主。

中国的社会主义民主是对包括资本主义民主在内的人类政治文明积极价值的继承和扬弃，是民主与集中、民主与法制的辩证统一，蕴含着人类民主政治的核心要义和发展趋势。曾以《大趋势》一书闻名于世的美国学者奈斯比特敏锐地观察到，“在全球金融危机的背景下，西方民主体制的弊端频频暴露，低效率，犹豫不决；与此同时，中国民主体制的优势却在逐步彰显，快速、高效率”。

中国的民主探索与发展

中国共产党怎么看待民主这个问题，是随着不同的时代、历史时期，不断创造、探索、发展的。但从中国共产党成立之后，不论什么时期，人民民主始终是我们高扬的旗帜。特别是改革开放以来，我国民主政治不断推进。

改革开放之后，党和国家的几代领导人都相继对民主有重要的论述。邓小平同志曾说过：“没有民主就没有社会主义，就没有社会主义现代化。当然，民主和现代化一样，也要一步一步地前进。社会主义愈发展，民主也愈发展。”

江泽民同志指出，民主是相对的，具体的，不是绝对的，抽象的。发展民主必须与一定的具体条件相结合。世界是丰富多彩的，各个国家有各个国家的具体的政治体制模式，不能千篇一律。胡锦涛同志指出，“人民民主是社会主义的生命”，人民当家做主是社会主义民主制度的本质和核心。习近平同志指出：“我们要坚持国家一切权利属于人民的宪法理念，最广泛地动员和组织人民依照宪法和法律规定，通过各级人民代表大会，行使国家权利，通过各种途径和形式管理国家和社会事物，管理经济和文化事业，共同建设、共同享有、共同发展，成为国家社会和自己命运的主人。”

党的十八大提出来，把民主作为中国特色社会主义核心价值观，这是中国特色社会主义建设事业的一个系统性的要求。党从新时期之后，在强调中国特色社会主义建设的过程当中，始终是把民主当成我们中国特色社会主义建设事业的一个重要的组成部分。

社会主义核心价值观中的“民主”，其核心是党的领导、人民当家作主、依法治国三者的有机统一，也就是将党的领导的集中性、人民当家作主的积极性和依法治国的合理性充分结合起来。中国特色社会主义民主的原则是民主集中制，也就是通过科学的方法将正确合理的意见集中起来，将集中起来的意见转化为大多数人共同奋斗的方向和目标。从这个角度来说，中国特色社会主义民主的表现形式是丰富多样的。

国家服务人民，是社会主义民主的内在要求；维护绝大多数人民的利益，是社会主义民主的根本职责。新中国成立后，人民代表大会制度、中国共产党领导的多党合作和政治协商制度、民族区域自治制度和基层群众自治制度等基本政治制度得以建立。改革开放以来，我们党坚持中国特色社会主义民主政治发展道路，坚持党的领导、人民当家做主、依法治国的有机统一，积极稳妥地推进政治体制改革。

协商民主是中国特色社会主义民主的重要形式。民主集中制，有着集中力量办大事、提高效率办成事的政治优势。深化政治体制改革是发展中国特色社会主义民主的必然要求。

把民主转化成生活方式

历史反复表明，再好的民主制度，都要由人来落实。国民民主素养高，民主就能发挥良好效用；国民民主素养差，就会把国家变成烂摊子。建设优质的社会主义民主政治，要求我们每个公民形成民主素养、民主习惯，把它转化为自己的生活态度、生活方式。

首先，每个公民都形成主人翁意识。要摒弃事不关己、高高挂起的陋习，充分发挥自己的主体能力。以岗为家，做好自己的工作，为社会贡献自己的价值；把城市当作家园，热情建设宜居的城市；要有公益意识，把服务公共生活当成自己的事，向需要帮助的人们伸出援手。

其次，要形成法制规则意识。摒弃人情、义气等观念，坚守公共道德、公共秩序。按照规则办事，少去找熟人拉关系；坦荡做人，少些宗派小团体；少些当官发财意识，树立执政宗旨意识；强化人格平等观念，少些等级意识与奴才意识。

最后，要养成宽容的心态。摒弃非我即敌的对立思维，形成多元包容的意识。相互尊重，淡定面对不同利益；要有对话观念，而不能只想着如何压制对方；要多进行换位思考，多些合作共赢意识，民主才能造福我们自己。

结语

我国当前处于社会主义初级阶段，这决定了中国特色社会主义民主的发展不能一蹴而就，而是一个长期发展进步的过程。

当前，城乡社区治理、基层公共事务和公益事业正逐渐实现群众自我管理、自我服务、自我教育、自我监督。随着社会主义民主政治的发展，公民民主素养不断提升，政治参与意识不断增强，民主逐渐转化成生活方式，融入日常生活，呈现出活泼的生命力。

古今事典

古今事典
故事

上古禅让制的民主幽光

“致君尧舜上，再使风俗淳”（杜甫诗）。尧、舜、禹都是中国古代被人称颂的君王，也成为历朝历代帝王学习的榜样。

尧的德行高洁，胸怀博大，立身俭朴，爱民如子。因此，各部落的百姓都很拥戴他，认为他如阳光般能为大家带来光明和温暖。

尧年老的时候，觉得自己已经难以应付繁杂的政务，于是召集大臣讨论继位的人选。

一个大臣说：“您的儿子丹朱天性聪慧，为人开通明理，可以继承您的王位。”

尧叹了一口气说：“唉！他太喜欢跟人斗气，不能用。”

另一个大臣说："共工能团结群众开展各项工作，而且业绩卓著，可以担当治理天下的重任。"

尧说："共工为人不正派，只会讲漂亮话；他外表很老实，内心却很傲慢，甚至连上天都不放在眼里，也不能用。"

尧身边最信任的四位大臣议论了一会儿后，对尧说："民间有个叫舜的单身汉，我们觉得他能够担当重任。"

尧点了点头，说："我也听说过这个人。他究竟怎么样呢？"

四大臣说："舜品德很好，能以身作则。他在历山耕田，历山的人都不再争田界，互相很谦让。人们都愿意靠近舜居住。舜在一个地方住上三年，那里就成了村落。他父亲是个盲人，不讲道德，后母爱说坏话，弟弟骄纵凶狠，但他能够跟他们和睦相处，并能使他们不干坏事。"

尧说："听起来是个不错的人才，让我考验一下他吧。"于是，尧把自己的两个女儿嫁给舜，以此观察他怎样治家；又叫九个儿子和舜一起生活，以此观察他怎样待人接物。在舜的影响下，尧的两个女儿都谦逊谨慎地对待亲戚，大家都称赞她们贤惠；尧的九个儿子待人也比先前更加真诚。

尧于是又让舜管理国家事务，各项事务舜都料理得井井有条，赢得了百姓的支持和爱戴。尧于是召见舜说："我年事已高，不久会归于天矣。你才德很高，百姓都很拥戴你，首领之位非你莫属。"

舜听完后很惶恐，连忙说："您的儿子丹朱才是理所应当的继承人。"

尧摆摆手，说："没有什么理所应当。百姓拥戴谁，推举谁，谁就是理所应当的首领！"

不久，尧逝世。三年的守丧期结束，舜为了让丹朱能够继承天下，自己逃到南河的南边去。但各个部落首领来朝拜，都不到丹朱那里去，而是去朝拜舜；歌颂功德的，不歌颂丹朱，而是歌颂舜。于是舜回到都城，正式登上了首领之位。在舜的精心治理下，全国呈现出一派欣欣向荣的景象。

尧舜之时，水患严重。舜即位后，命禹去治水。禹用疏导的方法，把洪水引入大海。他一心治水，前后13年，风里来雨里去，三过家

大禹治水图

门而不入。由于治水有功，大禹在老百姓心目中树立起伟大的形象。人民相信禹是能给他们带来幸福生活的君主。舜年老之时，就将首领之位让给了禹。

民望所归，天下同心。这就是中国历史上的“禅让制”。百姓得以选出他们心目中拥戴的君主来管理他们的国家，是中国远古时期民主高度发达的表征。这丝民主的曙光，穿越中国千百年黑暗的专制统治时代，给后人留下深刻的启迪。

孟子的民主精神与政治设计

春秋战国时期，诸侯分野而治，战争频仍，以致生灵涂炭，民不聊生。此时的亚圣孟子目睹惨状，为了天下百姓的幸福，怀揣着为政以德的儒家理想，奔走游说于各国之间。

公元前320年，孟子来到魏国的国都大梁，谒见梁惠王（即魏惠王）。孟子去觐见的时候，惠王正好站在宫廷里的池塘边，观赏着园中活泼趣动的鸟兽。看到孟子走进来，惠王问了句："贤者也会玩赏鸟兽吗？"

此时，孟子表情严肃，答道："唯有贤德的国君才能真正享受这种乐趣，而那不贤的人，虽然有了园林也乐不成啊！"

孟子见惠王默不作声，进一步说

道："文王虽然也征用百姓来修建宫殿园林，可是百姓却很乐意，称他的台叫'灵台'，池叫'灵沼'，并且为他有麋鹿鱼鳖可以玩赏而高兴。这是因为古代的贤君能和百姓同乐，所以他能真正享受这园林的乐趣。至于夏桀正好相反，百姓对他深恶痛绝，甚至想与他同归于尽。像桀纣这种国君，就算有了台池鸟兽，难道能怡然自乐吗？"

惠王点点头，似乎对孟子的说法表示赞同。他同时也表达了自己的困惑："我对于国家，已经十分用心了！如果河内这个地方发生饥荒，我便把那里的一部分饥民移到河东，而且把河东的粮食运到河内救济。如果河东这个地方发生饥荒，也是用同样的办法。我曾留意过邻国的政治，没有像我这样用心的。可是，那些国家的百姓并没有因此减少，我的百姓也没因为我的用心而增加，这是什么原因呢？"

孟子知道，当时国君的主要目的在于富国强兵，老百姓则充当了重要的人力资源。因此，国君都很重视人口数量。孟子明白，此时要为百姓民生讲话了。

孟子说："如果能够不在农事季节妨害农

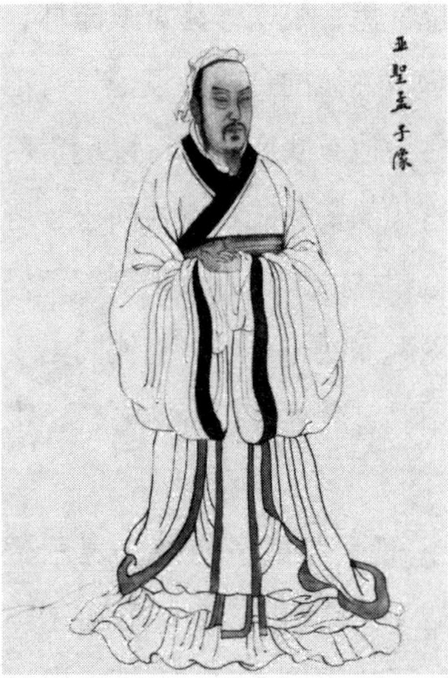

亚圣孟子画像

民耕种收获，那么粮食便吃不完了；如果不用太密的渔网到池沼里去网鱼，那么鱼鳖就吃不完了；如果按照适当的时节去砍伐林木，那么木材也就用不完了。像这些民生日用的资源充裕有余的话，就能使得百姓在生养死葬的基本需求上获得满足，这就是王道的开端。”

梁惠王若有所思。孟子接着说：“在五亩大的宅院中，种植桑树，那么五十岁以上的人就可以穿丝织品了。鼓励百姓蓄养鸡鸭猪狗，那么七十岁以上的人就都可以有肉类吃了。每一个家庭拥有一百亩田地，能够安心耕种，不受妨害，那么一家人就可以温饱了。接着就要好好办些学校，推广教育，教导孝顺父母、友爱弟兄的道理，那么，社会风气就会变得淳朴善良。在路上看不到上了年纪的老人家在背负重荷，上了七十岁的老人家都能有最基本的生活保障，食饱穿暖，而一般老百姓也能不饥不寒。这样的话，肯定能使天下归服！”

听完孟子的讲述后，梁惠王似乎有点为之动容，表示赞赏。孟子的论述，站在人民的立场，考虑的是与人民最贴近的需求，是真正从民生出发的，因此言恳意切，直达心扉。

为了心中的民本思想和民主精神，孟子四处游说，他在君王面前直言不讳：“民为贵，社稷次之，君为轻。”这是一种多大的勇气！

最重要的，孟子提出政权的合法性必须建立在人民的支持上，得到人民支持的才能做天子。这种思想，是人类文明史上的一大进步。为什么呢？因为之前的帝王都宣称是“天命”授权，可是在孟子这里，是人民而不是“天命”授权于君主，从而确立了民主的重要性。

他说：“夏桀和商纣失去天下，是因为他

们失去了人民的支持。失去人民的支持，是因为失去了民心。这样看来，得天下是有原则的：能得到人民的支持，就能得天下了。得到人民的支持也有原则：能得到民心，也就能得民了。得到民心也有原则：人民所需求的，能够充分地供应；人民所讨厌的，就不要强制他们。”

孟子眼见当时争夺纷生，而无辜的百姓为之付出惨重的代价。因此他呼唤关注民生，而其主张，也如一盏灯火，在历史漫漫长河中，点亮早期的民主思想。

邹韬奋为民主理想拼搏

邹韬奋是中国民主主义革命时期的新闻记者、政治家、出版家。他深信要想取得民族独立、人民解放、国家富强，必须走社会主义民主道路。所以，他用短暂的一生致力于中国革命，宣传民主革命。

邹韬奋原名邹恩润，韬奋是他的笔名，用以勉励自己：一面要韬光养晦，一面要奋斗。在大学期间，邹韬奋经常阅读当时上海有名的《时事新报》，并立志将来做一个像黄远生那样的记者。由于家境贫寒，邹韬奋被迫中途休学。1926年，《生活》周刊原主编转入银行界任事，邹韬奋便接替了《生活》周刊主编一职。

接手《生活》周刊后，邹韬奋进

邹韬奋纪念邮票

行了大刀阔斧的革新。在邹韬奋的主持下，《生活》周刊从单纯讨论“职业教育”和“青年修养”等个人职业与生计问题转而讨论社会问题，走向了更广阔的社会生活。它的读者也随即由最初的职业青年和失业青年扩展到了社会的各个阶层。这使得《生活》周刊的发行量逐年增加，影响力不断扩大。

“九一八”事变后，邹韬奋接连在《生活》周刊上发表文章，痛斥国民党的“不作为”，号召全国同胞“组织起来，扩充起来，共同奋斗，共同制裁已死尽人心的人之行为”。不但如此，邹韬奋还积极支持各地的爱国运动，奔走呼告为十九路军等爱国志士筹集资金。1932年7月，他创办生活书店，次年1月参加宋庆龄等人发起成立的中国民权保障同盟，并当选为执行委员。之后，邹韬奋更是积极投入争取民主自由权利的民主运动中。

邹韬奋的这些爱国民主言行，惹怒了国民党。国民党将他列入了暗杀黑名单。不久，《生活》周刊也被查封。邹韬奋开始了他的第一次流亡生活。他先后考察了意大利、瑞士、法国等国，搜集了大量材料，最后总结道：中华民族是受帝国主义压迫和剥削的民族，要想摆脱这种情况，就要通过民族解放的斗争。但是，他又强调：这一斗争只能依靠勤劳的人民大众。

流亡两年，邹韬奋重回故土，毅然决定全身心地投入爱国民主运动中。

1935年11月16日，邹韬奋在上海创办了《大众生活》周刊。在创刊词中，他明确提出了“力求民族解放的实现，封建残余的铲除，个人主义的克服”三大目标，从而彻底抛弃了资产阶级个人主义，将自身事业融进国家和民族解放运动中。当时，日本正在策划“华北自治”，而国民党却找借口镇压人民大众的抗日运动。《大众生活》对这些事情均进行了即时的揭露。

邹韬奋的言行再次激怒了国民党。国民党一方面对邹韬奋进行人身威胁，一方面以各种理由查封《大众生活》，还接连派出政客拉拢，均被邹韬奋毅然拒绝。他明确表示：“不参加救亡运动则已，既参加救亡运动，必尽力站在最前线，个人生死早置度外。”之后，邹韬奋逃到香港，开始他的第二次流亡生活。

1936年7月，邹韬奋与沈钧儒、陶行知等人联名上书要求国民党当局停止内战、一致抗日，最后被国民党逮捕，这就是轰动中外的“七君子事件”。在多方努力下，他们被救出狱。之后，邹韬奋在多个地方主编刊物，宣传抗日。1944年7月24日，邹韬奋在上海病逝，最后的愿望是加入中国共产党。

回顾邹韬奋短暂的一生，他一直都在为民主运动而不懈斗争着。

俗话说："天下大势，分久必合，合久必分。"秦汉大一统之后，是数百年几朝对峙的三国两晋南北朝，随后又开启了辉煌的隋唐帝国，在经历了战乱纷争的五代十国后，便是相对安稳的宋朝……中国历史经历了漫长的朝代更迭时期，以至近现代以来的文人志士都在思考：如何破除政权兴衰更替的命运。

1945年7月，抗日战争即将取得胜利之时，为促进国共合作，黄炎培等一行人以国民参政会参政员身份访问延安。当毛泽东问他延安考察的感想时，他说："我生六十多年，耳闻的不说，所亲眼看到的，真所谓'其兴也勃焉，其亡也忽焉'，一人，一家，一团体，一地方，乃至一国，不少单位都没有能跳出这周期率的支配力。大凡初时聚精会神，没有一事不用心，没有一人不卖力，也许那时艰难困苦，只有从万死中觅取一生，既而环境渐渐好转了，精神也就渐渐放下了。有的因为历时长久，自然地惰性发作，由少数演为多数，到风气养成；虽有大力，无法扭转，并且无法补救，也有为了区域一步步扩大了，它的扩大，有的出于自然发展，有的为功业欲所驱使，强求发展，到干部人才渐见竭蹶，艰于应付的时候，环境倒越加复杂起来了，控制力不免趋于薄弱了。一部历史，'政怠宦成'的也有，'人亡政息'的也有，'求荣取辱'的也有，总之没有能跳出这周期率。中共诸君从过去到现在，我略略了解了点。就是希望找出一条新路，来跳出这周期率的支配。"

听了黄炎培的这番见解后，毛泽东说："我们已经找到新路，我们能跳出这周期率。这条新路，就是民主。只有让人民来监督政府，政府才不敢松懈。只有人人起来负责，才不会人亡政息。"

黄炎培点点头，赞同道："只有大政方针

决之于公众，个人功业欲才不会发生。只有把每一地方的事，公之于每一地方的人，才能使地地得人，人人得事。用民主来打破这周期率，怕是有效的。”

中国历史上周期率的发生，根源于统治者维护的只是其所代表的少数人的利益，由此决定了他们无法摆脱周期率的支配。民主社会，需要公民共同参与、共同决策。专制，是民主的最大敌人。

而共产党以全心全意为人民服务为自己的根本宗旨，代表并维护最广大人民群众的利益，充分发挥和重视人民的监督权，推进民主执政，发展党内民主，扩大人民民主，通过制度化渠道，自觉接受人民群众的监督和批评。因此，以民主这一先进的制度保障和理念指导护航，使得中国的政治生态跳出了周期率的怪圈。

其实早在1945年9月，毛泽东在接受路透社记者甘贝尔的采访时就曾指出，要致力于建设“自由民主的中国”，这个国家的各级政府直至中央政府都由普遍、平等、无记名的选举产生，并向选举它的人民负责。

回顾近一个世纪中国共产党的历史，“窑洞对”告诉了全国人民：什么时候我们在民主建设上搞得好，我们的事业就会实现大发展。

古今事典

用典

民惟邦本

【原典】

皇祖有训，民可近不可下，民惟邦本，本固邦宁。

——春秋《尚书·五子之歌》

【释义】

民惟邦本，意即人民是立国之根本，必须依靠人民群众才能治理好国家。夏朝的国君太康，本是禹的孙子，他在继任国君后荒淫无度，老百姓因此十分怨恨。有一次，太康到洛水的南面去打猎，一连一百天不回京城。有穷国的君主羿趁机篡夺了夏国的政权。

太康有五个弟弟，当羿起兵反叛时，他们用车载着母亲从京城逃了出来。后来，太康的五个弟弟一起作了一首歌，追述大禹的功劳，谴责太康的荒淫，其中一段歌词是："皇祖有训，民可近不可下，民惟邦本，本固邦宁。予临兆民，懔乎若朽索之驭六马，为人上者，奈何不敬。"大意就是英明的祖先告诫我们：人民不可鄙视而只能亲近，国家有了人民，好比大树稳固了根。一个人统帅着万民，就好比用腐朽的绳索驾驭着快马的奔驰，随时要战战兢兢。太康因不理朝政，为后羿夺去国政，史称"太康失国"。后来，羿也荒淫无道，老百姓起来反抗。仲康和弟弟们趁机起兵，恢复了夏国。

政之所兴在顺民心，政之所废在逆民心

【原典】

政之所兴在顺民心；政之所废在逆民心。民恶忧劳，我佚乐之；民恶贫贱，我富贵之；民恶危坠，我存安之；民恶灭绝，我生育之。……故从其四欲，则远者自亲；行其四恶，则近者叛之。故知予之为取者，政之宝也。

——春秋·管仲《管子·牧民·四顺》

【释义】

《管子》是战国时齐稷下学者托名管仲所作，其中《牧民》《形势》《权修》《乘马》等篇存有管仲遗说。《牧民》篇讲的就是对人的管理，其中《四顺》是从人心向背来论述治理之道的。

管子指出，政权的成败在于人心的顺逆。政令能够推行，在于顺应民心；政令所以废弛，在于违逆民心。接着列举了民之“四恶”与“四欲”，提出从其“四欲”则亲，行其“四恶”则叛的论断，主张要“四顺”。

所谓“四恶”，即“恶忧劳”“恶贫贱”“恶危坠”“恶灭绝”。管子对人性分析得十分透彻，他看到了百姓厌恶忧患劳苦、贫困低贱、危险灾祸、家族灭绝，而渴望“佚乐”“富贵”“存安”“生育”。管子认为，“牧民”之道在于“四顺”，即顺应百姓的这四种愿望，使其安逸快乐、富足显贵、生存安定、生育繁息。能满足百姓的“四欲”，疏远的人会自动亲近归附；若使百姓陷入“四恶”的境地，亲近的人也会背叛逃离。

管子的思想在当代仍具有启迪意义。管理者应在明了下属何“恶”何“欲”基础上顺应人心，才能形成良好管理机制。

习近平《在庆祝中国人民政治协商会议成立65周年大会上的讲话》等文中引用。“民心”问题，对于一个执政党来说，是一个根本问题。《管子》中的这句话，正道出民心与执政相辅相成的关系。习近平同志一再强调，要“以百姓之心为心”，切身体会民心所向、民瘼所在、民生疾苦。在理论上鲜明提出、在实践中明确要求以人民利益为出发点和落脚点，这是我们党根本的政治优势所在。翻开90多年来的奋斗史，正因党旗上始终铭刻“人民”二字，我们党才获得了深厚的土壤与不竭的动力。从推出淮海战役胜利的手推车，到白山黑水间“我为祖国献石油”的激情，从“大包干”契约上按下红手印，到“汶川一代”“鸟巢一代”展现的公民意识，人民成为革命、建设和改革的动力之本和智慧之源。今天，面对人民过上更好生活的新期待，我们必须再接再厉，使发展成果更多更公平惠及全体人民，朝着共同富裕方向稳步前进。

以天下之目视，以天下之耳听，以天下之心虑

【原典】

目贵明，耳贵聪，心贵智。以天下之目视，则无不见也；以天下之耳听，则无不闻也；以天下之心虑，则无不知也。辐凑并进，则明不塞矣。

——春秋·管仲《管子·九守·主明》

【释义】

“目贵明，耳贵聪，心贵智。”意思是，眼睛贵在明辨事物，耳朵贵在听觉灵敏，头脑贵在思维敏捷。君主站在天下人的角度观察，就没有看不见的；站在天下人的角度倾听，就没有听不到的；站在天下人的角度思考，就没有不理解的。

众人拾柴火焰高。一个人的力量是有限的，当政者只有依靠民众的力

量，方能看得远、想得深，做成常人不能做之事；刚愎自用、独断专行只能导致国家灭亡。

此外，《易传》中还有“二人同心，其利断金”。《吕氏春秋》亦言：“万人操弓，共射其一招，招无不中。”讲的都是“团结就是力量”。

习近平《在庆祝中国人民政治协商会议成立65周年大会上的讲话》等文中引用。他引用的这句古语，正体现了“广开言路、博采众谋”的协商民主原则。的确，我们的每一项决策和工作，莫不关乎万家灯火、连着百姓民生。在与自己利益切实相关的问题上，人民群众有意愿、有能力也有权利行使自己的表达权。从工作中的广泛调研，到已成常规的听证会，再到项目进程中的交流沟通，通过各种方式，在各个层级、各个方面同群众进行协商，是我们做好工作的一个根本保证。“人心齐，泰山移”，正如愚公移山的故事所说明的，只要齐心协力、坚持不懈，就没有解决不了的难题。

人视水见形，视民知治不

【原典】

汤征诸侯。葛伯不祀，汤始伐之。汤曰："予有言：人视水见形，视民知治不。"伊尹曰："明哉！言能听，道乃进。君国子民，为善者皆在王官。勉哉，勉哉！"汤曰："汝不能敬命，予大罚殛之，无有攸赦。"作汤征。

——西汉·司马迁《史记·殷本纪》

【释义】

这段话出自司马迁《史记·殷本纪》。殷，即商——中国历史上第二个朝代，其开国君主为成汤。公元前1620年，成汤征讨不祭祀的诸侯葛伯。他对伊尹说："人视水见形，视民知治不。"不：同"否"。意思是，人从水

成汤画像

中可以看到自己的形象，从百姓精神面貌可以知道国家治理状况。简而言之，就是“以民情为镜”。这是有据可查的最早的“镜子论”。

成汤的“镜子论”表明，早在中国奴隶社会时期就已将民情状况作为衡量统治好坏的标准。此后，“以人为镜”的观念被历代开明统治者所接受。《诗经·大雅》中有“殷鉴不远，在夏后之世”。《大戴礼记·保傅》曰：“明镜者，所以察形也；往古者，所以知今也。”唐太宗李世民将“镜子论”进一步发扬光大。据《新唐书·魏徵传》记载，直言敢谏的魏徵去世后，唐太宗感叹：“以铜为鉴，可正衣冠；以古为鉴，可知兴替；以人为鉴，可明得失。朕尝保此三鉴，内防己过。今魏徵逝，一鉴亡矣。”

习近平《在党的群众路线教育实践活动第一批总结暨第二批部署会议上的讲话》等文中引用。人民，常常被比为载舟的水，喻为种子的土地，视为枝叶的根本。对于执政者，人民的重要性如何强调也不为过。正因此，十八大部署在全党开展党的群众路线教育实践活动，重拾党的优良传统，重申党群血肉联系。这样一次以密切联系群众为主旨的党内教育活动，不可能把群众关在门外，习近平同志也一再要求“坚持开门搞活动”，一再告诫“切忌自说自话、自弹自唱”。他引用的这句话，把人民比喻成可以照见治乱的水。现实中，不管是教育实践活动，还是更多其他工作，让群众参与、受群众监督、请群众评判，多照照群众这一面镜子，多比比群众这一把尺子，才能真正回答好“依靠谁、为了谁”的问题。

文心启思

文心启思

文录

争天下者，必先争人

◎管仲

夫欲用天下之权者，必先布德诸侯。是故先王有所取，有所与，有所诎，有所信，然后能用天下之权。夫兵幸于权，权幸于地。故诸侯之得地利者，权从之；失地利者，权去之。夫争天下者，必先争人。明大数者得人，审小计者失人。得天下之众者王，得其半者霸。是故圣王卑礼以下天下之贤而王之，均分以钓天下之众而臣之。故贵为天子，富有天下，而伐不谓贪者，其大计存也。以天下之财，利天下之人；以明威之振，合天下之权；以遂德之行，结诸侯之亲；以好佞之罪，刑天下之心；因天下之威，以广明王之伐；攻逆乱之国，赏有功之劳；封贤圣之德，明一人之行，而百姓定矣。夫先王取天下也，术术乎大德哉，物利之谓也。夫使国常无患，而名利并至者，神圣也；国在危亡，而能寿者，明圣也。是故先王之所师者，神圣也；其所赏者，明圣也。夫一言而寿国，不听而国亡，若此者，大圣之言也。夫明王之所轻者马与玉，其所重者政与军。若失主不然，轻予人政，而重予人马；轻予人军，而重与人玉；重宫门之营，而轻四境之守，所以削也。

（节选自管仲《管子·霸言》，标题为编者所拟）

【译文】

想要掌握天下的权力，首先必须施德于诸侯。因此，先王总是有所取，有所予，有所屈，有所伸然后才能掌握天下的大权。兵胜在于有权，权胜在于得地利。所以，诸侯得地利的，跟着有权力；失地利的，权就跟着丧失了。争夺天下，还必须先得人心。懂得天下大计的，得人；只打小算盘的，失人。得天下大多数拥护的，能成王业；得半数拥护的，能成霸业。因此，圣明君主总是谦恭卑礼来对待天下贤士而加以任用，

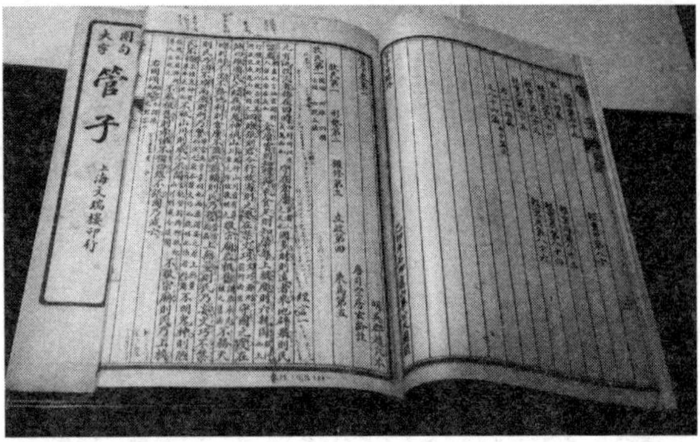

《管子》书页

均分禄食来吸引天下民众而使为臣属。所以，贵为天子，富有天下，而世人不认为他贪，就是因为他顺乎天下大计的缘故。用天下的财物，来谋利于天下人；用巨大威力的震慑，来集中天下的权力；用施行德政的行动，来取得诸侯的亲附；用惩治奸佞的罪行，来规范天下人的思想；借助天下的兵威，来扩大明王的功绩；攻下逆乱的国家，来赏赐有功的劳臣；封树圣贤的德望，来宣示天子的行状，这样，百姓就安定了。先王之取天下，那真是丰盛的大德呵！也就是以物利人的意思。使国家经常没有忧患而名利兼得的，可称神圣；国家在危亡之中而能使之保全的，可称明圣。所以，先王所师法的，是神圣；所尊崇的，是明圣。一句话而能保全国家，不听而国即亡，这样的话就是大圣人的话。一个英明君主总是看轻骏马与宝玉，而看重政权与军队。至于失天下的君主就不这样了，他轻视予人政权，而重视予人骏马；轻视予人军队，而重视予人宝玉；重视宫门的营治，而轻视四境的防守，所以国家就削弱了。

民为贵，君为轻

◎孟轲

孟子曰："民为贵，社稷次之，君为轻。是故得乎丘民而为天子，得乎天子为诸侯，得乎诸侯为大夫。诸侯危社稷，则变置。牺牲既成，粢盛既洁，祭祀以时，然而旱干水溢，则变置社稷。"

孟子曰："桀纣之失天下也，失其民也；失其民者，失其心也。得天下有道：得其民，斯得天下矣；得其民有道：得其心，斯得民矣；得其心有道：所欲与之聚之，所恶勿施尔也。民之归仁也，犹水之就下、兽之走圹也。故为渊驱鱼者，獭也；为丛驱爵者，鹯也；为汤武驱民者，桀与纣也。今天下之君有好仁者，则诸侯皆为之驱矣。虽欲无王，不可得已。今之欲王者，犹七年之病求三年之艾也。苟为不畜，终身不得。苟不志于仁，终身忧辱，以陷于死亡。诗云‘其何能淑，载胥及溺’，此之谓也。”

（节选自孟轲《孟子》，标题为编者所拟）

【译文】

孟子说：“人民最为宝贵，国家社稷次要，君主为轻。因此得到百姓承认的就可以成为天子，得到天子承认的就可以成为诸侯，得到诸侯承认的就可以成为大夫。诸侯危害社稷国家，就另外改立。用作祭祀的牲畜已经长成，用作祭祀的粮食已经洁净，就按时祭祀，但仍发生旱灾水灾，那么就另外改换社稷。”

孟子说：“夏桀、商纣之所以失去天下，是因为失去了百姓；他们之所以失去百姓，是因为失去了民心。取得天下是有一定的道路的，得到百姓，就会得到天下；得到百姓也是有一定的道路的，得到人民的心，就会得到人民的拥护；得到人民的心也是有一定的道路的，人民所想要的就要给他们，并使他们有一定的聚集，人民所厌恶的就不要强加给他们，不过如此罢了。人民之归向于仁爱，就像水向低处流，野兽喜欢跑在旷野一样。所以，替深渊把鱼驱赶来的，是水獭；替森林把鸟儿驱赶来的，是鹞、鹰；替汤王和武王把百姓驱赶来的，是夏桀和商纣王。现今天下若有施行爱民政策的国君，那么凶暴的诸侯们就会替他驱赶百姓。即使他不想称王天下，也会身不由己。而当前一些希望统一天下的人，就好像生了七年的病却企图用三年的陈艾来医治一样。假如不积蓄民心，一辈子也得不到天下。如果不立志于仁爱，就会一辈子忧患受辱，以至陷入死亡的境地。《诗经》上说：‘那如何做得好呢？只不过相率落水罢了。’说的正是这个道理。”

中国社会经济的民治

◎陈独秀

我们中国社会经济的民治，自然还没有人十分注意。就是政治的民治，中华民国的假招牌虽然挂了八年，却仍然卖的是中华帝国的药，中华官国的药，并且是中华匪国的药；“政治的民治主义”这七个好看的字，大家至今看了还不大顺眼。但是我决不因此灰心短气，因为有三个缘故：一是中国创造共和的岁月，比起欧美来还是太浅，陈年老病那有著手成春的道理。

二是中国社会史上的现象，真算得与众不同，上面是极专制的政府，下面是极放任的人民，除了诉讼和纳税以外，政府和人民几乎不生关系。这种极放任不和政府生关系的人民，

陈独秀与他主编的《新青年》

自己却有种种类乎自治团体的联合：乡村有宗祠，有神社，有团练；都会有会馆，有各种善堂（育婴、养老、施诊、施药、积谷、救火之类），有义学，有各种工商业的公所。象这些各种联合，虽然和我们理想的民治隔得还远，却不能说中国人的民治制度，没有历史上的基础。

三是中国人工商业不进化和国家观念不发达，从坏的方面说起来，我们因此物质文明不进步，因此国民没有一致团结力；从好的方面说起来，我们却因此没有造成像欧洲那样的资产阶级和军国主义。而且自古以来，就有许行的“并耕”，孔子的“均无贫”种种高远理想；“限田”的讨论，是我们历史上很热闹的问题；“自食其力”，是无人不知的格言；因此可以证明我们的国民性里面，确实含着许多社会经济的民治主义的成分。我因为有这些理由，我相信政治的民治主义和社会经济的民治主义，将来都可以在中国大大的发展，所以我不灰心短气，所以我不抱悲观。

现在政象不佳，没有实行民治主义的缘故，也有好几层：一是改建共和未久。二是我们从前把建设共和看得太容易，革命以前宣传民治主义的工夫太做少了。三是共和军全由军人主动，一般国民自居在第三者地位。四是拥护共和的进步、国民两党人，都不懂得民治主义的真相，都以为政府万能，把全副精神用在宪法问题、国会问题、内阁问题、省制问题、全国的水利交通问题，至于民治的基础——人民的自治与联合——反无人来过问。五是少数提倡地方自治的人，虽不迷信中央政府，却仍旧迷信大规模的省自治和县自治，其实这种自治，只算是地方政府对于中央政府的分治，是划分行政区域和地方长官权限的问题，仍旧是官治，和民治的真正基础——人民直接的实际的自治与联合——截然是两件事。

我们现在要实行民治主义，首先要注重民治的坚实基础，必须把上面说的二、三、四、五这几层毛病通同除去，多干实事，少出风头，把大伟人、大政治家、大政客、大运动家、大爱国者的架子收将起来，低下头在那小规模的极不威风的坚实的民治基础——人民直接的实际的自治与联合——上做工夫。不然，无论北洋军人执政也罢，西南军人执政也罢，交通系得势也罢，北方的安福部得势也罢，南方的安福部（就是政学会）得势也罢，进步党的内阁也罢，国民党的内阁也罢，旧官僚的内阁也罢，我可以断定中国的民治，仍旧是北京《民治日报》的民治，不是杜威博士所讲《美国之民治的发展》的民治。

我不是说不要宪法，不要国会，不要好内阁，不要好省制，不要改良全国的水利和交通，也不是反对省自治、县自治。我以为这些事业，必须建筑在民治的基础上面，才会充分发展；大规模的民治制度，必须建筑在小组织的民治的基础上面，才会实现。基础不坚固的建筑，像那沙上层楼，自然容易崩坏；没有坚固基础的民治，即或表面上装饰得如何堂皇，实质上毕竟是官治，是假民治，真正的民治决不会实现，各种事业也不会充分发展。

社会经济的民治主义，那一国都还没有实行；政治的民治主义，英美两国比较其余的国家，总算是发达的了。他们所以发达的由来，乃是经许多岁月，由许多小组织的地方自治团体和各种同业联合，合拢起来，才能够发挥今天这样大规模的民治主义；好像一个生物体，不是一把散沙，也不是一块整物，乃无数细胞组织、器官组织合拢起来，才能够成就全体的作用。

他们的民治主义，不是由中央政府颁布一部宪法几条法令，就会马上涌现出来的，乃是他们全体人民一小部分一小部分自己创造出来的。所以杜威博士在他《美国之民治的发展》讲演中说道："美国是一个联邦的国家，当初移民的时候，每到一处，便造成一个小村，由许多小村，合成一邑，由许多邑合成一州，再由许多州合成一国。小小的一个乡村，一切事都是自治。"又说道："美国的联邦是由那些有独立自治能力的小村合并起来的，历史上的进化是由一村一村联合起来的。美国的百姓是为找自由而来的，所以他们当初只要自治不要国家，后来因有国家的需要，所以才组成联邦。”我们现在要实行民治主义，是应当拿英、美做榜样，是要注意政治经济两方面，是应当在民治的坚实基础上做工夫，是应当由人民自己一小部分一小部分创造这基础。

这基础是什么？就是人民直接的、实际的自治与联合。

这种联合自治的精神：就是要人人直接的，不是用代表间接的；是要实际去做公共生活需要的事务，不是挂起招牌就算完事。

这种联合自治的形式：是地方自治和同业联合两种组织。

（本文摘录自陈独秀《实行民治的基础》，原载1919年12月1日《新青年》7卷1号，标题为编者所拟）

平民主义与『多数政治』

◎李大钊

有人说“多数政治”（Government by majority）即是“平民政治”。无论何种政治没有不是以强力作基础的。在平民政治下，多数对于少数，何尝不是一种强制的关系。

威尔逊氏便有这种论调。他说：“政府是止于权力与强力上的。无论何种政体，政府的特质不外乎权力。一方有治者，他方有被治者。治者的权力，或直接，或间接，要以强力为归。简单一句话，政府就是组织的强力罢了。但组织的强力，不以组织的武力为必要，实际就是若干人或全社会的意志表现于组织，以实行其固有的目的而处理公共的事务。……强力不必是外形。强力虽为权力的后盾，而不可以捉摸。权力寄托在治者身上，虽属彰明较著，然而权力止在强力上，则非表面的事实。换句话说，就是强力的形式非所必要。所以有一种政府，他的权力，永远不被武力的形式。就是今世各国，政机的运用，大都肃静，没有压制人民的事。换句话说，就是不靠强力的形式。然而强力的隐显，固与其分量的轻重无关；近世的良政府，不靠治者的武力，而靠被治者的‘自由认可’（Free consent）。这就是政府以宪法与法律为轨范，而宪法与法律又以社会的习惯为渊源。这所包蓄的强力，不是一君专制的强力，不是少数暴恣的强力，乃是多数人合致的强力。国民都知道此强力的伟大，相戒而不敢犯，故其力乃潜伏而无所用。那民选的官吏与专制的君主比较，其权力所凭依的强力，本来没有什么优劣，而合众国总统的强力，比革命前俄皇的强力，或且过之。二者的根本差别，全在隐显之间。好象腕力一样，甲以他为后援，乙用他作前卫，用的时境不同，其为一种强力，则没有什么区别。”

据此以知威氏所云组织的强力，即指多数人合致的强力。于此我们要问，此种强力的构

李大钊《平民主义》书页

成是否含有所谓被治者的“自由认可”在内？抑或这所谓被治者的“自由认可”，必待此种强力的迫制，或知道此种强力的伟大，因而相戒不敢犯，始能发生？

我想既云“自由认可”，则必无待于迫制；既有强力的迫制，则必不容“自由认可”发生。就使“自由认可”的动机，多少由于自己节制自己牺牲，亦均属自由范围以内的事，决与自己以外威制的强力无关。孟子说过：“以力服人者，非心服也，力不赡也。”非心服者，即不生“自由认可”。凡事可以得人的“自由认可”，且可以称为心服者，必不是外来的强力的效果。服从的关系，若以强力的存否为断，那就是被动，不是自由；可以说是压服，不能说是悦服：压服的事，由于强力；悦服的事，由于意志；被动的事，操之自人；自由的事，主之自我。人为主动以施压服于己的强力一旦消灭，换句话说，就是非心服者的抵抗力一旦充足，服从的关系，将与之俱去。若说这种强力，必待所谓被治者的“自由认可”表示以后，始能发生，那么这种强力，不是多数人合致的强力，乃是多数人与少数人合成的国民公意。这种伟大的强力，实为人民全体的“自由认可”所具的势力，而人民全体的“自由认可”，决不是这种伟大的强力压迫的结果。

我尝说过，“多数政治”不一定是圆满的“平民主义”的政治，而“自由政治”（Free government）乃是真能与“平民主义”的精神一致的。“自由政治”的神髓，不在以多数强制少数，而在使一问题发生时，人人得以自由公平的态度，为充分的讨论，详确的商榷，求一个公同的认可。商量讨论到了详尽的程度，乃依多数表决的方法，以验其结果。在商议讨论中，多数宜有容纳少数方面意见的精神；在依法表决后，少数宜有服从全体决议的道义。“自由政治”的真谛，不是仗着多数的强力，乃是靠着公同的认可。取决多数不过是表示公同认可的一种方法罢了。由专制向“平民主义”方面进行，多数表决正是屏退依力为治而代之以起的方法。欧美有句谚语：“计算头颅胜于打破头颅。”（It is better to count heads than to break heads.）正好说明这个道理。

威氏又说：“今世常说‘舆论政治’‘民声政治’，这些名词，于描写发达圆满的平民政治容或有当，然在今日，那作成舆论的多数所恃以制胜者，不在少数的理屈，而在少数的数弱。换句话说，就是多数所以排斥少数，不特用他们众多的声音，并且靠着他们众多的势力。这是很明了的事实，不容讳言的。多数所以能行其统治，不是他们的智慧使他们能够如此，实在是他们的势力使他们能够如此。多数党苟欲把他们的意见致之施行，他们所需的势力，与专制君主所以压服其民众的，没有什么区别。”

我们由威氏的说，可以反证出来今日所谓自由国家的平民政治尚未达于发达圆满境遇的事实，而切不可由此遽以断定真正平民政治的基础，亦在多数的强力。若把平民政治，亦放在“力的法则”之下，那所呈出的政象，将如穆勒（John Stuart Mill）所云：“虽有民主，而操权力之国民与权力所加之国民，实非同物。其所谓自治者，非曰以己治己也，乃各以一人而受治于余人。所谓民之好恶，非通国之好恶也，乃其中最多数者的好恶。且所谓最多数者，亦不必其最多数，或实寡而受之以为多。由是民与民之间，方相用其劫制。及此然后知限制治权之说，其不可不谨于此群者，无异于他群。民以一身受治于群，凡权之所集，即不可以无限，无问其权之出于一人，抑出于其民之泰半也。不然，则泰半之豪暴，且无异于专制之一人。”“夫泰半之豪暴，其为可异者，以群之既合，则固有劫持号召之实权，如君上之诏令然。假所谓诏令者，弃是而从非，抑侵其所不当问者，此其为暴于群，常校专制之武断为尤酷。何则？专制之武断，其过恶显然可指；独奏半之暴，行于无形，所被者周，无所逃雪，而其入于吾之视听言动者最深。其势非束缚心灵，使终为流俗之奴隶不止。”（从严译）专恃强力的政治，不论其仅在于一人，抑在于多数，终不能压服少数怀异者的意思，其结果仍为强力所反抗，展转相寻，无有已时。

“平民主义”的政治，绝不如是。现代的“平民主义”，已经不是“属于人民、为人民、由于人民”（Government of the people，for the people，by the people）而为“属于人民、为人民、由于人民的执行”，（Administration of the people，for the people，by the people）不是对人的统治，乃是对事物的管理。我们若欲实现“平民主义”，不必研究怎样可以得着权力，应该研究怎样可以学会管理事物的技术。

（节选自李大钊《平民主义》）

旧三民主义和新三民主义

◎毛泽东

资产阶级顽固派完全不知道历史的变化，其知识的贫乏几等于零。他们既不知道共产主义和三民主义的区别，也不知道新三民主义和旧三民主义的区别。

我们共产党人承认“三民主义为抗日民族统一战线的政治基础”，承认“三民主义为中国今日之必需，本党愿为其彻底实现而奋斗”，承认共产主义的最低纲领和三民主义的政治原则基本上相同。但是这种三民主义是什么三民主义呢？这种三民主义不是任何别的三民主义，乃是孙中山先生在《中国国民党第一次全国代表大会宣言》中所重新解释的三民主义。我愿顽固派先生们，于其“限共”、

"溶共"、"反共"等工作洋洋得意之余，也去翻阅一下这个宣言。原来孙中山先生在这个宣言中说道："国民党之三民主义，其真释具如此。"就可知只有这种三民主义，才是真三民主义，其他都是伪三民主义。只有《中国国民党第一次全国代表大会宣言》里对于三民主义的解释才是"真释"，其他一切都是伪释。这大概不是共产党"造谣"吧，这篇宣言的通过，我和很多的国民党员都是亲眼看见的。

这篇宣言，区分了三民主义的两个历史时代。在这以前，三民主义是旧范畴的三民主义，是旧的半殖民地资产阶级民主革命的三民主义，是旧民主主义的三民主义，是旧三民主义。

在这以后，三民主义是新范畴的三民主义，是新的半殖民地资产阶级民主革命的三民主义，是新民主主义的三民主义，是新三民主义。只有这种三民主义，才是新时期的革命的三民主义。

这种新时期的革命的三民主义，新三民主义或真三民主义，是联俄、联共、扶助农工三大政策的三民主义。没有三大政策，或三大政策缺一，在新时期中，就都是伪三民主义，或半三民主义。

第一，革命的三民主义，新三民主义，或真三民主义，必须是联俄的三民主义。现在的事情非常明白，如果没有联俄政策，不同社会主义国家联合，那就必然是联帝政策，必然同帝国主义联合。不见一九二七年之后，就已经有过这种情形吗？社会主义的苏联和帝国主义之间的斗争一经进一步尖锐化，中国不站在这方面，就要站在那方面，这是必然的趋势。难道不可以不偏不倚吗？这是梦想。全地球都要卷进这两个战线中去，在今后的世界中，“中立”只是骗人的名词。何况中国是在同一个深入国土的帝国主义奋斗，没有苏联帮助，就休想最后胜利。如果舍联俄而联帝，那就必须将“革命”二字取消，变成反动的三民主义。归根结底，没有“中立”的三民主义，只有革命的或反革命的三民主义。如果照汪精卫从前的话，来一个“夹攻中的奋斗”，来一个“夹攻中奋斗”的三民主义，岂不勇矣哉？但可惜连发明人汪精卫也放弃（或“收起”）了这种三民主义，他现在改取了联帝的三民主义。如果说帝亦有东帝西帝之分，他联的是东帝，我和他相反，联一批西帝，东向而击，又岂不革命矣哉？但无如西帝们要反苏反共，你联它们，它们就要请你北向而击，你革命也革不成。所有这些情形，就规定了革命的三民主义，新三民主义，或真三民主义，必须是联俄的三民主义，决不能是同帝国主义联合反俄的三民主义。

第二，革命的三民主义，新三民主义，或真三民主义，必须是联共的三民主义。如不联共，就要反共。反共是日本帝国主义和汪精卫的政策，你也要反共，那很好，他们就请你加入他们的反共公司。但这岂非有点当汉奸的嫌疑吗？我不跟日本走，单跟别国走。那也滑稽。不管你跟谁走，只要反共，你就是汉奸，因为你不能再抗日。我独立反共。那是梦话。岂有殖民地半殖民地的好汉们，能够不靠帝国主义之力，干得出如此反革命大事吗？昔日差不多动员了全世界帝国主义的气力反了十年之久还没有反了的共，今日忽能"独立"反之吗？听说外边某些人有这么一句话："反共好，反不了。"如果传言非虚，那末，这句话

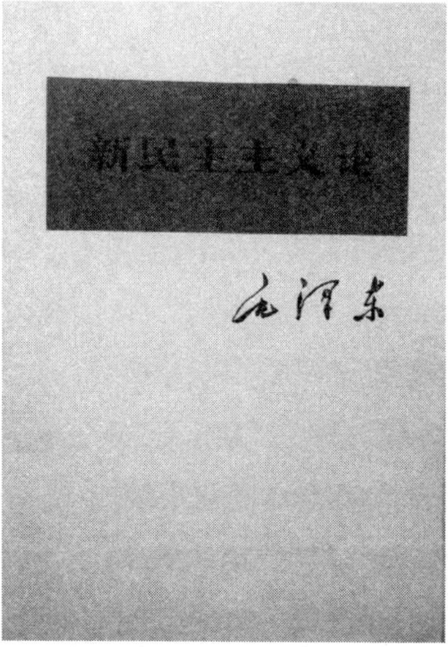

毛泽东《新民主主义论》

只有一半是错的，“反共”有什么“好”呢？却有一半是对的，“反共”真是“反不了”。其原因，基本上不在于“共”而在于老百姓，因为老百姓欢喜“共”，却不欢喜“反”。老百姓是决不容情的，在一个民族敌人深入国土之时，你要反共，他们就要了你的命。这是一定的，谁要反共谁就要准备变成齑粉。如果没有决心准备变自己为齑粉的话，那就确实以不反为妙。这是我们向一切反共英雄们的诚恳的劝告。因之清楚而又清楚，今日的三民主义，必须是联共的三民主义，否则，三民主义就要灭亡。这是三民主义的存亡问题。联共则三民主义存，反共则三民主义亡，谁能证明其不然呢?

第三，革命的三民主义，新三民主义，或真三民主义，必须是农工政策的三民主义。不要农工政策，不真心实意地扶助农工，不实行《总理遗嘱》上的“唤起民众”，那就是准备革命失败，也就是准备自己失败。斯大林说：“所谓民族问题，实质上就是农民问题。”这就是说，中国的革命实质上是农民革命，现在的抗日，实质上是农民的抗日。新民主主义的政治，实质上就是授权给农民。新三民主义，真三民主义，实质上就是农民革命主义。大众文化，实质上就是提高农民文化。抗日战争，实质上就是农民战争。现在是“上山主义”的时候，大家开会、办事、上课、出报、著书、演剧，都在山头上，实质上都是为的农民。抗日的一切，生活的一切，实质上都是农民所给。说“实质上”，就是说基本上，并非忽视其他部分，这是斯大林自己解释过了的。中国有百分之八十的人口是农民，这是小学生的常识。因此农民问题，就成了中国革命的基本问题，农民的力量，是中国革命的主要力量。农民之外，中国人口中第二个部分就是工人。中国有产业工人数百万，有手工业工人和农业工人数千万。没有各种工业工人，中国就不能生活，因为他们是工业经济的生产者。没有近代工业工人阶级，革命就不能胜利，因为他们是中国革命的领导者，他们最富于革命性。在这种情形下，革命的三民主义，新三民主义或真三民主义，必然是农工政策的三民主义。如果有什么一种三民主义，它是没有农工政策的，它是并不真心实意扶助农工，并不实行“唤起民众”的，那就一定会灭亡。

由此可知，离开联俄、联共、扶助农工三大政策的三民主义，是没有前途的。一切有良心的三民主义者，必须认真地考虑到这点。

这种三大政策的三民主义，革命的三民主义，新三民主义，真三民主义，是新民主主义的三民主义，是旧三民主义的发展，是孙中山先生的大功劳，是在中国革命作为社会主义世界革命一部分的时代产生的。只有这种三民主义，中国共产党才称之为“中国今日之必需”，才宣布“愿为其彻底实现而奋斗”。只有这种三民主义，才和中国共产党在民主革命阶段中的政纲，即其最低纲领，基本上相同。

至于旧三民主义，那是中国革命旧时期的产物。那时的俄国是帝国主义的俄国，当然不能有联俄政策；那时国内也没有共产党，当然不能有联共政策；那时工农运动也没有充分显露自己在政治上的重要性，尚不为人们所注意，当然就没有联合工农的政策。因此，一九二四年国民党改组以前的三民主义，乃是旧范畴的三民主义，乃是过时了的三民主义。如不把它发展到新三民主义，国民党就不能前进。聪明的孙中山看到了这一点，得了苏联和中国共产党的助力，把三民主义重新作了解释，遂获得了新的历史特点，建立了三民主义同共产主义的统一战线，建立了第一次国共合作，取得了全国人民的同情，举行了一九二四年至一九二七年的革命。

旧三民主义在旧时期内是革命的，它反映了旧时期的历史特点。但如果在新时期内，在新三民主义已经建立之后，还要翻那老套；在有了社会主义国家以后，要反对联俄；在有了共产党之后，要反对联共；在工农已经觉悟并显示了自己的政治威力之后，要反对农工政策；那末，这就是不识时务的反动的东西了。一九二七年以后的反动，就是这种不识时务的结果。语曰：“识时务者为俊杰。”我愿今日的三民主义者记取此语。

如果是旧范畴的三民主义，那就同共产主义的最低纲领没有什么基本上相同之点，因为它是旧时期的，是过时了的。如果有什么一种三民主义，它要反俄、反共、反农工，那就是反动的三民主义，它不但和共产主义的最低纲领没有丝毫相同之点，而且是共产主义的敌人，一切都谈不上。这也是三民主义都应该慎重地考虑一番的。

但是无论如何，在反帝反封建的任务没有基本上完成以前，新三民主义是不会被一切有良心的人们放弃的。放弃它的只是那些汪精卫、李精卫之流。汪精卫、李精卫们尽管起劲地干什么反俄、反共、反农工的伪三民主义，自会有一班有良心的有正义感的人们继续拥护孙中山的真三民主义。如果说，一九二七年反动之后，还有许多真三民主义者继续为中国革命而奋斗，那末，在一个民族敌人深入国土的今天，这种人无疑将是成千成万的。我们共产党人将始终和一切真诚的三民主义者实行长期合作，除了汉奸和那班至死不变的反共分子外，我们是决不抛弃任何友人的。

（节选自毛泽东《新民主主义论》）

在庆祝中国人民政治协商会议成立65周年大会上的讲话（节选）

◎习近平

古今中外的实践都表明，保证和支持人民当家做主，通过依法选举、让人民的代表来参与国家生活和社会生活的管理是十分重要的，通过选举以外的制度和方式让人民参与国家生活和社会生活的管理也是十分重要的。人民只有投票的权利而没有广泛参与的权利，人民只有在投票时被唤醒、投票后就进入休眠期，这样的民主是形式主义的。

在总结新中国人民民主实践的基础上，我们明确提出，在我们这个人口众多、幅员辽阔的社会主义国家里，关系国计民生的重大问题，在中国共产党领导下进行广泛协商，体现了民主和集中的统一；人民通过选举、投票行使权利和人民内部各方面在重大决策之前进行充分协商，尽可能就共同性问题取得一致意见，是中国社会主义民主的两种重要形式。在中国，这两种民主形式不是相互替代、相互否定的，而是相互补充、相得益彰的，共同构成了中国社会主义民主政治的制度特点和优势。

协商民主是中国社会主义民主政治中独特的、独有的、独到的民主形式，它源自中华民族长期形成的天下为公、兼容并蓄、求同存异等优秀政治文化，源自近代以后中国政治发展的现实进程，源自中国共产党领导人民进行革命、建设、改革的长期实践，源自新中国成立后各党派、各团体、各民族、各阶层、各界人士在政治制度上共同实现的伟大创造，源自改革开放以来中国在政治体制上的不断创新，具有深厚的文化基础、理论基础、实践基础、制度基础。

协商民主深深嵌入了中国社会主义民主政治全过程。中国社会主义协商民主，既坚持了中国共产党的领导，又发挥了各方面的积极作用；既坚持了人民主体地位，又贯彻了民主集中制的领导制度和组织原则；既坚持了人民民主的原则，又贯彻了团结和谐的要求。所以说，中国社会主义协商民主丰富了民主的形式、拓展了民主的渠道、加深了民主的内涵。

——我们要深刻把握社会主义协商民主是中国共产党的群众路线在政治领域的重要体现这一基本定性。中国共产党来自人民、服务人民，这就决定了中国共产党领导人民建立的中华人民共和国必须紧紧依靠人民治国理政、管理社会。中国共产党在自己的工作中实行群众路线，坚持一切为了群众，一切依靠群众，从群众中来，到群众中去，把自己的正确主张变为群众的自觉行动。《中华人民共和国宪法》规定，国家的一切权力属于人民，一切国家机关和国家工作人员必须依靠人民的支持，经常保持同人民的密切联系，倾听人民的意见和建议，接受人民的监督，努力为人民服务。无论是中国共产党执政，还是国家机关施政，都必须坚持贯彻群众路线，紧紧依靠人民。

“政之所兴在顺民心，政之所废在逆民心。”一个政党，一个政权，其前途命运最终取决于人心向背。中国共产党、中华人民共和国的全部发展历程都告诉我们，中国共产党、中华人民共和国之所以能够取得事业的成功，靠的是始终保持同人民群众的血肉联系、代表最广大人民根本利益。如果脱离群众、失去人民拥护和支持，最终也会走向失败。我们必须把人民利益放在第一位，任何时候任何情况下，与人民群众同呼吸共命运的立场不能变，全心全意为人民服务的宗旨不能忘，坚信群众是真正英雄的历史唯物主义观点不能丢。

全心全意为人民服务，始终代表最广大人民根本利益，是我们能够实行和发展协商民主的重要前提和基础。中国共产党党章规定：中国共产党除了工人阶级和最广大人民群众的利益，没有自己特殊的利益。中国共产党及其领导的国家是代表最广大人民根本利益的，其一切理论和路线方针政策，其一切工作部署和工作安排，都应该来自人民，都应该为人民利益而制定和实施。在这个大政治前提下，我们应该也能够广泛听取人民内部各方面的意见和建议。在中国共产党统一领导下，通过多种形式的协商，广泛听取意见和建议，广泛接受批评和监督，可以广泛达成决策和工作的最大共识，有效克服党派和利益集团为自己的利益相互竞争甚至相互倾轧的弊端；可以广泛畅通各种利益要求和诉求进入决策程序的渠道，有效克服不同政治力量为了维护和争取自己的利益固执己见、排斥异己的弊端；可以广泛形成发现和改正失误和错误的机制，有效克服决策中情况不明、自以为是的弊端；可以广泛形成人民群众参与各层次管理和治理的机制，有效克服人民群众在国家政治生活和社会治理中无法表达、难以参与的弊端；可以广泛凝聚全社会推进改革发展的智慧和力量，有效克服各项政策和工作共识不高、无以落实的弊端。这就是中国社会主义协商民主的独特优势所在。

民主不是装饰品，不是用来做摆设的，而是用来解决人民要解决的问题的。中国共产党的一切执政活动，中华人民共和国的一切治理活动，都要尊重人民主体地位，尊重人民首创精神，拜人民为师，把政治智慧的增长、治国理政本领的增强深深扎根于人民的创造性实践之中，使各方面提出的真知灼见都能运用于治国理政。

“天视自我民视，天听自我民听。”要坚

持把实现好、维护好、发展好最广大人民根本利益作为一切工作的出发点和落脚点，我们的重大工作和重大决策必须识民情、接地气。要以人民群众利益为重、以人民群众期盼为念，真诚倾听群众呼声，真实反映群众愿望，真情关心群众疾苦。要坚持工作重心下移，深入实际、深入基层、深入群众，做到知民情、解民忧、纾民怨、暖民心，多干让人民满意的好事实事，充分调动人民群众的积极性、主动性、创造性。

——我们要切实落实推进协商民主广泛多层制度化发展这一战略任务。面向未来，发展好各项事业，巩固国家安定团结的政治局面，促进政党关系、民族关系、宗教关系、阶层关系、海内外同胞关系和谐发展，一个很重要的条件就是必须通过民主集中制的办法，广开言路，博采众谋，动员大家一起来想、一起来干。正所谓“以天下之目视，则无不见也；以天下之耳听，则无不闻也；以天下之心虑，则无不知也”。

社会主义协商民主，应该是实实在在的而不是做样子的，应该是全方位的而不是局限在某个方面的，应该是全国上上下下都要做的而不是局限在某一级的。因此，必须构建程序合理、环节完整的社会主义协商民主体系，确保协商民主有制可依、有规可守、有章可循、有序可遵。

协商就要真协商，真协商就要协商于决策之前和决策之中，根据各方面的意见和建议来决定和调整我们的决策和工作，从制度上保障协商成果落地，使我们的决策和工作更好顺乎民意、合乎实际。要通过各种途径、各种渠道、各种方式就改革发展稳定重大问题特别是事关人民群众切身利益的问题进行广泛协商，既尊重多数人的意愿，又照顾少数人的合理要求，广纳群言、广集民智，增进共识、增强合力。要拓宽中国共产党、人民代表大会、人民政府、人民政协、民主党派、人民团体、基层组织、企事业单位、社会组织、各类智库等的协商渠道，深入开展政治协商、立法协商、行政协商、民主协商、社会协商、基层协商等多种协商，建立健全提案、会议、座谈、论证、听证、公示、评估、咨询、网络等多种协商方式，不断提高协商民主的科学性和实效性。

人民群众是社会主义协商民主的重点。涉及人民群众利益的大量决策和工作，主要发生在基层。要按照协商于民、协商为民的要求，大力发展基层协商民主，重点在基层群众中开展协商。凡是涉及群众切身利益的决策都要充分听取群众意见，通过各种方式，在各个层级、各个方面同群众进行协商。要完善基层组织联系群众制度，加强议事协商，做好上情下达、下情上传工作，保证人民依法管理好自己的事务。要推进权力运行公开化、规范化，完善党务公开、政务公开、司法公开和各领域办事公开制度，让人民监督权力，让权力在阳光下运行。

文心启思
诗词

献给生者和死者

沈钧儒

血洒昆明市，心伤反战年。
座谈谁有罪，飞祸竟从天。
魑魅[1]食人日，鸱枭[2]毁宝篇。
防川终必溃，决胜在民权。

【注释】

[1]魑魅：中国古代汉族神话传说中的山神，也指山林中害人的鬼怪。魑魅魍魉本为山怪水神，引申为各式各样的坏人。《汉书·王莽传》："敢有非井田圣制，无法惑众者，投诸四裔，以御魑魅。"

[2]鸱枭：鸟名，古人对猫头鹰的文言叫法。鸱枭虽是益鸟，但在中国一直是丧门星的代称，含贬义，常用以比喻贪恶之人。

【题解】

1945年12月1日，昆明各大中学校学生举行反内战，争民主活动，结果遭到国民党反动军警特务的镇压，他们殴打学生，并向学生聚集处投手榴弹，制造了“一二·一”流血事件，事件发生后，沈钧儒抑制不住愤慨的情绪，写就一首题为《献给生者和死者》的诗，愤怒谴责国民党的暴行。

无数的革命志士和共产党人，为了民族的解放、人民的幸福、共产主义远大理想，英勇地献出了宝贵的生命。本诗音节铿锵，语词激昂，其内容使人精神振奋，动人心弦，堪称千古绝唱。

赴柳店子[1]视续范亭

徐特立

其一

百年多难国，于今难更深。
谁与共袍泽[2]，硕果忆同盟。
卧榻闻鼙鼓[3]，昂头听捷音。
咸榆凭驿使[4]，寄语告知心。

其二

布尔塞同盟[5]，先后相继承。
真正中山徒[6]，落落数晨星。
尔我虽年迈，姜桂老愈辛。
仰天射十日[7]，踏海斗长鲸[8]。

【注释】

[1]柳店子：此地在延安。当时续范亭在此处养病。

[2]共袍泽：袍，长衣。泽，汗衫。《诗·秦风·无衣》："岂日无衣，与子（你）同袍。""岂日无衣，与予同泽。"即战士共同穿用衣衫。此处是共同战斗的意思。

[3]卧榻闻鼙鼓：卧榻，床。《程史·徐铉入聘》："卧榻之侧，岂容他人鼾睡耶。"鼙鼓，古代的军用小鼓。此句讲，近在卧榻旁，就听到了战鼓之声。

[4]咸榆凭驿使：咸榆，陕西的咸阳、榆林，此处指从咸阳到榆林的道路。驿使，古时传送文书信件的人，此处指通信员。

[5]布尔塞同盟：布尔塞，布尔什维克的缩译，即共产党。同盟，即孙中山领导的同盟会的资产阶级革命。

[6]中山徒：指信仰并执行孙中山新三民主义的信徒。

[7]射十日：《淮南子·本经训》里的神话，讲古代天空中有10个太阳，将庄稼都烧死了，于是后羿为民除害"上射十日"。

[8]长鲸：海中的大鲸鱼。陆游《长歌行》："醉入东海骑长鲸。"此句承接上句，表示打败日本帝国主义的决心和信念。

【题解】

1941年，徐特立去延安柳店子，探望正在那里养病的老友续范亭。续范亭是1910年加入同盟会的老同盟会员，参加过辛亥革命和反袁（世凯）倒阎（锡山）以及反北洋军阀的战争，支持中国共产党停止内战、一致抗日的主张。1935年，续范亭亲赴南京呼吁抗日，对蒋政府腆颜卖国行径非常气愤，在中山陵剖腹自杀遇救。后因操劳过度，1941年夏来延安休养。徐特立高度赞赏这位老友的爱国主义精神，并引为知己。为了慰勉老友为国家和民族做出更多的贡献，徐特立特地写下这两首诗赠给续范亭。

这两首诗从中国近百年来的屈辱史写起，反映了诗人对国家多灾多难、人民苦不聊生的无限感慨，以及对国家民主自强的向往。

董老自渝归延，谢、李二老均有诗纪事，不嫌续貂[1]，漫赋长句

钱来苏

朔风凛冽雪花肥，机声轧轧排空来。

巍然[2]一老从天降，千人拍手欢颜开。

曾入虎穴搏群虎，虎暴磨牙裂人腹。

奋臂一呼霹雳鸣，群虎辟易[3]缩如鼠。

四载履危志弥坚，猛进精神老少年。

策导群伦[4]争解放，将使制梃[5]挞凶顽。

世界和平在民主，纳粹法西终腐骨[6]。

人间开遍自由花，吾党功与列斯伍[7]。

君不见，路易[8]缚上断头台，

昔日独夫[9]安在哉！

君不见，

人民爱护列宁城，

红旗日月同光明。

【注释】

[1]续貂：晋朝赵王司马伦手下的仆人都封官，官的帽上用貂尾装饰，封的官太多，貂尾不够，改用狗尾，称“狗尾续貂”。这是谦称诗不好。

[2]巍然：状高。王延寿《鲁灵光殿赋序》：“而灵光岿然独存。”比喻元老。

[3]辟易：倒退。

[4]群伦：众辈，指各民主党派。

[5]制梃：制作木棒。《孟子·梁惠王上》：“可使制梃以挞秦楚之坚甲利兵（武器）矣。”比喻正义可以抑制凶顽。

[6]终腐骨：终于走向灭亡。刘备称袁术为“冢（坟）中枯骨”，腐骨即从枯骨来。

[7]列斯：列宁、斯大林。伍：犹相并。

[8]路易：法国国王路易十六，大革命时被缚上断头台处死。

[9]独夫：暴君。

【题解】

钱来苏(1884—1968)，原名钱拯，浙江杭县人。曾留学日本，日俄战争后回国。在奉天（今沈阳）创办辅华中学、《吉林日报》，宣传反清救国思想。清宣统二年(1910年)加入同盟会，辛亥革命时参加辽阳立山屯起义。民国初年加入国民党，参加讨袁活动。“九一八”事变后，任东三省特别行政长官公署参议。抗日战争爆发后，任山西第二战区司令长官参事。1943年到延安，任陕甘宁边区政府参议。1947年加入中国共产党。解放后任中央文史馆馆员。与朱德、徐特立等人合称“延安十老”。

钱来苏在少年时代就产生了民主思想，在后来的革命生涯中其民主思想逐渐成形。本诗用高亢激昂的语言赞颂了世界民主革命事业。“世界和平在民主，纳粹法西终腐骨。人间开遍自由花，吾党功与列斯伍”，展示出诗人的美好愿望。

感事八首用杜甫《秋兴》诗韵·寄南征诸将

朱德

南征诸将[1]建奇功，胜算[2]全操在掌中。
国贼军心惊落叶，雄师士气胜秋风。
独裁政体沉云黑，解放旌旗满地红。
锦绣河山收拾好，万民尽作主人翁。

【注释】

[1]南征诸将：指1947年夏秋之际强渡黄河，越过陇海路南征的刘伯承、邓小平、陈毅、粟裕、陈赓等同志。

[2]胜算：语出《孙子·计篇》："多算胜，少算不胜，而况无算乎？"后因称能够克敌制胜的计谋为"胜算"。

【题解】

朱德这首诗，语言上并未精雕细镂，而是以朴素生动的群众语言、极其恰当的比喻和十分强烈的对比，生动而形象地歌颂了“南征诸将”所取得的伟大功绩，描写了解放战争战略大反攻的大好形势，抒发了作者的战斗豪情，使全诗在凝练中见豪放，给人以气势磅礴、叱咤风云之感。

诗的最后一句“锦绣河山收拾好，万民尽作主人翁”，正反映了作者的政治信仰——人民当家做主。可以说，在这首诗里，作者把深刻而丰富的政治内容与中国古典诗歌的优秀传统形式完美地结合在一起，从而也为世人继承和发扬中国优秀的文化遗产树立了典范。

辛亥革命[1]杂咏

朱德

（一）

同盟领袖是中山，推翻清室争民权。
起义武昌全国应，废除帝制几千年。

（二）

云南起义是重阳，下定决心援武昌。
经过多时诸运动，功成一夕庆开场。

【注释】

［1］辛亥革命：即1911年在孙中山先生领导下的推翻清朝专制朝廷的革命。该年10月10日，首先是武昌起义，其后各省亦相继起义，清朝的统治很快即土崩瓦解。

【题解】

这首诗给人留下最深意味的是最后一句："经过多时诸运动，功成一夕庆开场。"作为一个革命先驱，孙中山的思想具有超时代性，其言论也是常人所不可思议的，相对其个人革命思想来说，其所在时代以及其所具备的外界条件是相对落后的，加上其个人革命时机的不成熟性导致了一场场社会革命实践的一次次败落，一次次使他流离失所，但一次次他又从失败中站出重新举起革命的大旗。对于他来说，他的运气实在不佳，屡战屡败，但屡败屡战，却同时显示了他是一个永远打不倒的勇士。这就是伟大的孙中山精神，也是令后人无限敬仰的精神所在——为了民主革命不懈奋斗。

题安徽广暴烈士张子正墓碑

叶剑英

夜半枪声连角起，广州工农兵起义[1]。
红旗飘上越王台[2]，君是当年好战士。

【注释】

[1]广州工农兵起义：1927年第一次国内革命战争失败。12月11日，由共产党人张太雷、叶挺、叶剑英、聂荣臻等在广州领导工人和士兵举行武装起义。这就是著名的“广州起义”。

[2]越王台：传说广州越秀山有越王台故址。秦末南海尉赵佗兼并桂林郡、南海郡、象郡，建立南越国。后归顺汉朝，汉高祖封之为南越王。

【题解】

张子正，又名哲明，安徽阜阳人。1923年加入中国共产党。1924年初被派往阜阳开展地下工作。1927年参加广州起义，在战斗中牺牲，时年22岁。

广州起义，是中共广东省委贯彻中共“八七”会议精神，在中共中央直接指导下领导广州地区工农群众和革命士兵进行的一次大规模的暴力革命，是继南昌起义和湘赣边界秋收起义之后，对国民党反动派的又一次英勇反击，是在城市建立苏维埃政权的大胆尝试。这次起义虽然失败了，但起义军和工农群众为了人民民主独立英勇战斗，不怕牺牲的革命精神，给了中国人民以新的鼓舞，在中国人民革命斗争史上写下了光辉壮丽的一页。

文心启思

名言

圣人恒无心，以百姓之心为心。

——〔春秋〕老子

民为邦本，本固邦宁。

——《尚书》

民之所欲，天必从之。

——《尚书》

以人为本。本理则国固，本乱则国危。

——〔春秋〕管仲

国将兴，听于民；国将亡，听于神。

——《左传》

民为贵，社稷次之，君为轻。

——〔战国〕孟轲

国以民为本，强由民力，财由民出。夫民殷国弱，民瘠国强者，未之有也。

——〔三国〕陆逊

水能载舟，亦能覆舟。

——〔唐〕李世民

可爱非君，可畏非民。

——〔唐〕李世民

以天下之权，寄之天下之人。

——〔清〕顾炎武

西洋所以享国长久，君民兼主国政故也。

——〔清〕郭嵩焘

人有权，其国必兴；人人无权，其国必废。

——〔清〕胡礼垣

天下之权，惟民主是主。

——〔清〕何启

君主者，权偏于上；民主者，权偏于下。

——〔清〕郑观应

人人有自立之权，即人人有自爱之意。

——〔清〕马建忠

斯民也，固斯天下之真主也。

——〔清〕严复

民主制度，天下之公理。

——梁启超

科学与民主，是人类社会进步之两大主要动力。

——陈独秀

锦绣河山收拾好，万民尽作主人翁。

——朱德

锦绣河山谁是主，中国人民，山河金汤固。

——叶剑英

在民主的国家里，法律就是国王；在专制的国家里，国王就是法律。

——〔德〕马克思

资本主义社会里的民主是一种残缺不全的、贫乏和虚伪的民主，是只供富人、只供少数人享受的民主。

——〔苏联〕列宁

艺术天地

艺术天地

对联

岂有金汤全社稷；从来民意定乾坤

（钱海源/书）

【出处】

陈玉麟《游南京中华门》诗

【读联随笔】

这副对联说的是，城池险固不能保全国家，自古以来都是民众的意愿在决定国家去向。“水可载舟，亦可覆舟”“得民心者得天下，失民心者失天下”，说的也是这个道理。以毛泽东同志为代表的中国共产党在长期斗争中形成了一切为了群众、一切依靠群众和从群众中来、到群众中去的群众路线。正是党的群众路线，使中国共产党一天天壮大，带领中国人民推翻三座大山，建立了中华人民共和国，建设了社会主义国家，取得了改革开放的伟大成就。

21世纪最初10年，我们的党风和社会风气出现了不少问题。以习近平同志为总书记的党中央牢记“民心向背决定政党命运”的历史经验，提出改进工作作风、密切联系群众的“八项规定”“六项禁令”和反“四风”，身体力行实践群众路线，唤醒了中国人的中国梦。

（林琳）

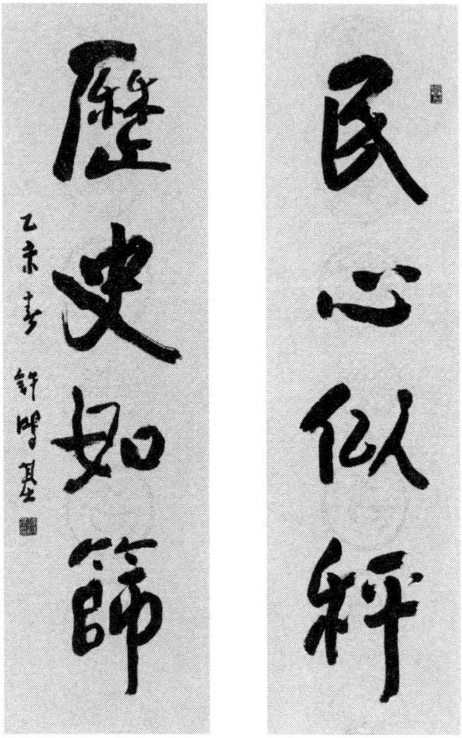

民心似秤；历史如筛

（许鸿基/书）

【出处】

当代·王新华撰联

【读联随笔】

“民心似秤，历史如筛”，即百姓心里都有杆秤，都会对事物做出衡量；历史就像一个筛漏，淘出黄金，漏除沙粒、尘土。也就是说，每个人的行为，别人都会做出评判，历史也会给出公正的评价。

电视剧《宰相刘罗锅》的主题歌《清官谣》唱得好：“天地之间有杆秤，那秤砣是老百姓……”是的，只有民心这杆秤，才能公平地称量为官者的是非功过，公平地称量历史的厚重与真实。

我们常说“金杯银杯，不如老百姓的口碑”。只要我们真心实意为群众办实事、做好事，群众一定会信赖、支持我们，从心底里感谢党、拥护党。正是因为老百姓是秤砣，能公正公平地称出干部的是非功过，我们的优秀干部才得以永远活在人民心中，而那些经不起人民和历史检验的人却被人们永远地遗忘。

（林琳）

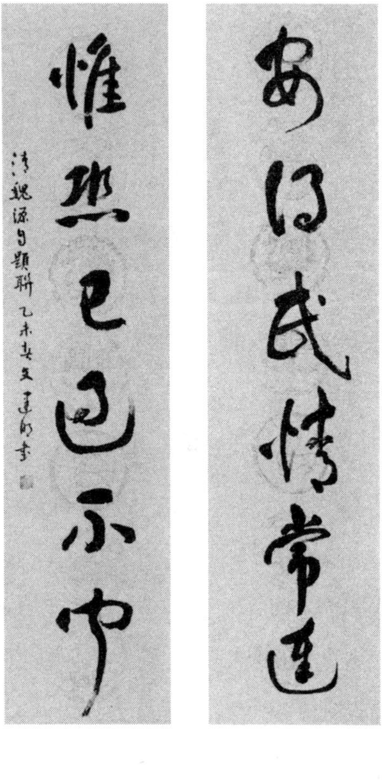

安得民情常达；惟恐己过不闻

（文建明/书）

【出处】

清·魏源自题联

【读联随笔】

魏源受其祖辈乐施好善的影响，十分关心民众疾苦，每到一处为官，都要贴些对联表达自己的态度。据说他在江苏扬州府兴化县当知县时，其正堂联云："安得民情常达；惟恐己过不闻。"意思是，怎么能够让民情经常上达，只担心不能了解到自己的过错。

此联殆出于明代著名哲学家、教育家王守仁的箴联："求通民情，愿闻己过。"

对联揭示了为官必须为民，为民必须了解民情，修身必须克己，克己必须闻过而改的深刻道理，是孟子"恩泽于民""修身见于世"思想的体现。

它既是安民告示，又是施政宣言。可以说是一种高深的境界，一种良好的夙愿，一种崇高的职责，一种难得的匡世箴言。虽时过境迁，而此联所昭示的修身居官之要旨，至今仍有很强的现实警示作用。愿当今的政府和各级官员通达民情，闻过则改。

（林琳）

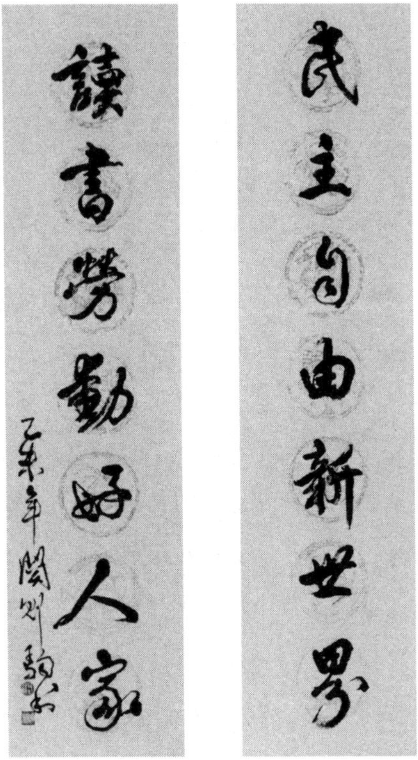

民主自由新世界；读书劳动好人家

（关则驹/书）

【出处】

刘炳森题住宅联

【读联随笔】

民主、自由是近现代以来历史发展的潮流，是人们的普遍追求。参与社会劳动是人们实现自我价值、承担社会责任的必要条件。劳动创造人，读书塑造人。作为信息时代的现代人，读书是生存的需要，读书是生活的第一需要。

民主、自由、读书、劳动，是当代人的追求，也是人们生存和发展的需要，更是社会发展和进步的促进力量。“民主自由新世界，读书劳动好人家”这副对联语言简单、朴实，看似平淡，蕴含的道理却是深刻的，它倡导读书劳动的良好社会风尚，写出了人们追求民主、自由，建设新世界的美好愿望，反映了时代精神，很好地践行了社会主义核心价值观。

健康社会风尚的形成，需要每位公民的积极参与。愿大家都来争当良好社会风尚的践行者、维护者、引领者，这样，我们将迎来一个生机盎然的新世界。

（林琳）